Notizbuch

RWG

ISBN: 978-0-359-61220-8

www.ingramcontent.com/pod-product-compliance
Lightning Source LLC
LaVergne TN
LVHW021739060526
838200LV00052B/3365
* 9 7 8 0 3 5 9 6 1 2 2 0 8 *